AF277046

ASÍ PROCEDE EL PÁJARO

JUAN ANTONIO BERNIER

Así procede el pájaro

Editorial Pre-Textos

**Colección
"El pájaro solitario"**

VIÑETA DE CUBIERTA: RAMÓN GAYA
DISEÑO GRÁFICO: PRE-TEXTOS

IMPRESO EN ESPAÑA
ISBN: 979-13-88054-03-7 • DEPÓSITO LEGAL: V-51-2026

Impreso en Safekat SL

LUCES DENTRO DEL BOSQUE

"All revelation has been ours"

ROBERT FROST

I

EL INVIERNO, DE NUEVO

La hierba del solar ha crecido con fuerza.
No ha habido un solo día de este otoño
en que los elementos
le hayan dado la espalda.

Desde aquí puedo verla. Es un regalo
frente al dolor inerte de los muros.
El viento, el sol, las nubes, le han sido favorables
(también ellos, con su espalda de sombra).

En esta edad anómala y terrible,
pienso en mi amor;
se parece a esta hierba.

AMANECE EN EL BOSQUE

Me acerco hasta la puerta. El aire es frío
como el gélido lienzo de una cama vacía
y, aún conmocionado, lo acojo quedamente.

Hay pájaros cantando que, invisibles,
reclaman la atención hacia las hojas
que el bosque solicita. A ras de suelo
lo roza una neblina sin raíces.

Procuro no pensar. Quisiera devolverle
la familiar mirada con que el bosque nos mira.

Atento a lo contiguo, observo –me demoro–
la neblina inconsciente.

ANCIANO EN LA ESPESURA

Un anciano atraviesa la espesura,
camina entre las ramas del silencio
bajo un cielo crispado que desciende
con su lento nublar sobre la tarde.

Como una red tupida de hojarasca
esparcida a la sombra de este bosque,
así es su corazón ya deshojado
que acaricia la luz con mansedumbre.

Con su hatillo de días y el semblante
de quien no ha visto nada en el sendero,
un anciano atraviesa la espesura,
le da, con su mirar, significado.

MEDIODÍA

En su quietud nos juzga
el sol de la explanada.

Su luz que, sin posarse,
se inunda de equilibrio
inundándolo todo.

Nuestro mirar insiste
en una sola línea:
la que un pájaro traza.

II

Hay hombres y mujeres
en pie,
como la lluvia.

Llueven amor, derraman
sin límites la vida
sobre sus semejantes.

Cuando se encuentran lejos
quisiéramos tener un corazón
de más largas raíces.

Ignoran su belleza
como quien pisa hojas
sin sentir su quejido.

Son la luz del mundo
sin saberlo.

A la hora del inútil paseo
el aire va arrojando
las hojas amarillas
de árboles sin nombre
sobre la carretera
que húmeda descansa
como cola de gato.

Si en esta hora desierta
tomase el pensamiento
su forma más sencilla,
adoptaría forma de cielo,
de tejado, de lana, de revólver,
no sin antes tomar
la forma de algún rostro
que sentimos lejano.

La luz samaritana
que los árboles filtran,
¿de qué fanal procede?

La luz que lentamente restituye
la clara integridad de los objetos,
el cielo ya fundido de las copas,
la marca de la sien en el cristal,
el cuaderno vacío de la noche...

La luz
que la mañana nos devuelve,
la luz que nos faltó cuando ya el sueño
carecía de antídoto, y los cuerpos latían,

¿no es cosa de milagro?

Uno por uno han ido
los instantes
dejándose caer.

Si hubieran dejado algo
en el eco de su caída
–su sed, su voz–, el tiempo

¿pasaría más despacio?

A Rafael Pérez Estrada

Por el viento
azotadas, las hojas
van cayendo.

¿Se parece este otoño
al otoño del mar?

> *Ya sólo el agua nos separa*
>
> J. R. JIMÉNEZ

Y qué decir del mar que nos separa
cuando tú eres feliz y me lo muestras.
Oculta su lenguaje y sin embargo
se puede interpretar, igual que un gesto.

Tu sonrisa incunable, blanca y roja,
como una flor al borde del camino
que llevara a la casa de Caeiro,
venciendo la distancia entre nosotros.

Cuando tú eres feliz y me lo muestras,
el mar que nos separa, sólo entonces,
es el mar que nos une inteligible
y es también esa flor, igual a un gesto.

(Con Luis Alberto de Cuenca)

Tu sonrisa

vertida para dentro
inadvertida

firmamento

La ventana, el estante,
gramáticas de lenguas que anidaron
en nuestro corazón.

Cuadernos casi enteros consagrados
a la búsqueda humilde
de una sola verdad,

distinta a cada instante,
negándose a sí misma.

La mesa, el lapicero,
la música mostrando
el camino a seguir,

el bosque en que perderse
donde la casa roja.

Sólo tú, tus caricias:
todo octubre en las manos.

La luz adolescente persuadida
por tu inquieto mirar.
El cuerpo humedecido de la lluvia
dando paz a la tierra.

Sólo tú, tus caricias.

El cielo elemental se despereza
con una lluvia tibia y necesaria,
la urgencia de la sal que nos reclama
y una nube de sangre en la cabeza.

En este día ajeno en el que espera
el arduo laborar de la jornada,
qué extrañeza de pez fuera del agua
amanecer, palpar, y estar sin ella.

NUEVA FORMULACIÓN
DE LA DISTANCIA

Para ti las corté por la mañana.
Las rosas que descansan en el vaso
quisiera que en tu cama reposaran.
Las rosas que corté, puede que en vano.

ASÍ PROCEDE EL PÁJARO

"So that's life, then; things as they are?"

WALLACE STEVENS

I

LANGUEUR

Dulce y agudo dolor de estarse vivo.
Siento latir mi corazón
y a veces temo que,
de pronto, se detenga.

Dulce y agudo dolor: brizna amarilla.

EL FRUTO CIERTO

A Rosalía

1.

Nuestro vivir acendrado.
Como el fruto del almendro
que en su vaina madura:
nuestro vivir hacia dentro.

2.

Para quién este fruto
sino para el futuro.

Rebosante de savia
bajo el cielo de agosto,

para quién este verde
sino para el presente.

3.

Pureza del árbol desnudo
que se sueña suficiente.

AGUJAS DE PINO

A Miguel Gómez Losada

1.

Una luz clara.
El cielo en su lugar.
Un ciervo que huye.

2.

Senda en la noche,
mi corazón se aquieta:
lumbre apagada.

3.

Luz rezagada,
una verdad fulgura
aunque es de noche.

4.

Alba otoñal:
cómo esparce su mies
la lenta escarcha.

EL CIELO EN SU LUGAR

1.

El cielo, más profundo
si lo surca algún pájaro,
parpadea un instante
si lo observo obstinado.

2.

Miro, con ojos entreabiertos.
La cúpula del cielo
se cierra sobre sí
como una flor carnívora.

3.

Con los ojos cerrados,
este cielo es la media
de los últimos cielos.

CANCIÓN

Roto el acorde,
suena otra música.

II

VOLAR HONDO

1.

Luz violenta de agosto
retenida,
furiosa,
en mis nervios opacos.

Declive sedicioso de la sangre.

Voz
reducida a un acento.

2.

He templado por ti
la altura de mi gozo.

Por ti,
mi volar hondo,

penúltima ladera.

VIDA INTERIOR

La sensación que llega
sin esfuerzo.

La paz
de las tribulaciones,

el hálito que enhebra
la calma de este cielo
en la pupila clara
que no puede durar.

Alma perecedera, fluye sola,
sin esfuerzo.

AIRE DE LOS CEDROS

A Pablo García Baena

Bajo un arco de hulla,
el aire de los cedros.

Riachuelo incendiado,
los arbustos crepitan.

Sola respiración
de la noche, del cuerpo,
del canto.

STANZA

Ramo que florece en la penumbra,
blanco
de mi energía pensativa.

Mi corazón
en lo grave
titubea.
Aspira a un nuevo día

tan distinto de todos,
de este día estridente
que no he solicitado.

Ramo que se adentra en la luz nueva,
casi jovial,
en el aire cerrado.

L'ORANGERIE

(Yves Bonnefoy)

1.
Infancia: olor
a sangre
en la nariz.

2.
"Y aquello,
¿es la luz de una casa
o de una estrella?"

3.
Gira sujeta,
estrella de la tarde.
Sé fiel. Ya libre.

PASEO DE BUENOS AIRES

1.

Raro domingo con acorde.

Vuelan nubes opacas.

El camino es más ancho que el paisaje.

2.

Hay un aire que canta,

impulsa bicicletas,

despeina a los ancianos.

Es un aire de niño.

3.

El cielo frunce el ceño:

lo inmenso

se concentra.

NITIVACIÓN

A José Carlos Jiménez

Sentado en el paseo
con *Elegías de Duino*
al final de la jornada,

llevar unas monedas,
una suma sencilla.
Notar que hay direcciones,
que la mañana es ancha.

Admirar el violeta.
Qué irreal, el violeta.

FLECTE RAMOS

Corriente de mi sangre,
cuerpo iluminado,
cauce tibio que recorre
la hondonada del ser.

Un hilo se adelgaza.
Parece una raíz,
desmadejado.

Venero que remonta
hasta su fuente,
fonte.

Temperatura, luz.

Floración numinosa
de un sol que se desgrana,
un sol izquierdo.

BLANCO OTERO

1.
Espacio desabrido
de blancura infinita,

fuera de ti:
la gran nevada.

2.
Y, sin embargo,
eso eres tú (útero:

otero):
mi otero conseguido.

3.

Intemperie: regazo.

PAÍS: HORIZONTE

1.

Amanecer:

                ladera
de espinos amarillos.

2.

Fiel del horizonte:
naturaleza
dividida a los lados.

3.

Aguja inquieta,
límite transparente.

4.

Horizonte: país

Luz de dentro,
mis ojos.

ÍNDICE

LUCES DENTRO DEL BOSQUE

I

II

ASÍ PROCEDE EL PÁJARO

I

II

Esta primera edición de
ASÍ PROCEDE EL PÁJARO,
de Juan Antonio Bernier,
se terminó de imprimir
el día 26 de enero de 2026